重庆市取水户取水许可管理工作法律法规摘编手册

高俊海　刘运华　苏　蘅　李兴林
朱文兰　谢成奎　单文彪　主　编

黄河水利出版社
·郑州·

内 容 提 要

本书对《中华人民共和国水法》《中华人民共和国长江保护法》《取水许可和水资源费征收管理条例》《取水许可管理办法》《重庆市水资源管理条例》《重庆市水污染防治条例》《重庆市取水许可和水资源费征收管理办法》等法律法规中,涉及取水户法定责任的规定条款进行了梳理摘录,便于取水户日常学习和使用,可有效提高取水户的法律法规意识和指导取水户开展日常取水许可管理工作。

本书可供从事水资源管理的工作人员、取水户以及相关领域的科研、设计人员学习、参考。

图书在版编目(CIP)数据

重庆市取水户取水许可管理工作法律法规摘编手册/高俊海等主编.—郑州:黄河水利出版社,2023.3
ISBN 978-7-5509-3431-3

Ⅰ.①重… Ⅱ.①高… Ⅲ.①取水-管理-条例-重庆-手册 Ⅳ.①D927.719.266-62

中国版本图书馆 CIP 数据核字(2022)第 216353 号

组稿编辑:田丽萍　电话:0371-66025553　E-mail:912810592@qq.com

出 版 社:黄河水利出版社　网址:www.yrcp.com
地址:河南省郑州市顺河路黄委会综合楼 14 层　邮政编码:450003
发行单位:黄河水利出版社
发行部电话:0371-66026940、66020550、66028024、66022620(传真)
E-mail:hhslcbs@126.com
承印单位:河南新华印刷集团有限公司
开本:890 mm×1 240 mm　1/32
印张:1.5
字数:50 千字
版次:2023 年 3 月第 1 版　印次:2023 年 3 月第 1 次印刷

定价:20.00 元

前 言

取水户是取水许可管理的主体和对象，随着取水许可制度的深入实施，对取水户的工作要求越来越高。近年来，国家先后颁布了《中华人民共和国水法》《中华人民共和国长江保护法》《取水许可和水资源费征收管理条例》《取水许可管理办法》等法律法规，重庆市相应颁布了《重庆市水资源管理条例》《重庆市水污染防治条例》《重庆市取水许可和水资源费征收管理办法》等法规和规章，对取水户的权利、责任和义务进行了详细的规定。2019 年至 2020 年，重庆市全市开展了取水工程核查登记工作，对涉及取水许可对象的取水工程全部颁发了取水许可证，全市取水户数量大量增加。对于新颁发取水许可证的取水户，尤其是取水规模较小的取水户，法律法规知识和意识都比较欠缺，需进一步加强学习提高。因此，迫切需要编制便于学习的取水许可管理工作法律法规汇编资料，以提高取水户的法律法规意识，指导他们合法、合规地开展取水工作。

本书根据《中华人民共和国水法》《中华人民共和国长江保护法》《取水许可和水资源费征收管理条例》《取水许可管理办法》《重庆市水资源管理条例》《重庆市水污染防治条例》《重庆市取水许可和水资源费征收管理办法》等法律法规规定，对涉及取水户法定权利、责任和义务的规定条款进行了逐项摘录整理，形成了全面、系统的取水户法律法规参考汇编，以便为取水户提供便捷、全面的法律法规学习资料。

本书由重庆市水资源综合事务中心高俊海，重庆市水利局刘运华，重庆市水资源综合事务中心苏蘅、李兴林、朱文兰、谢成奎、单文彪担任主编。本书在编写过程中得到了重庆市水利局相关部门的大力支持和帮助，苏蘅、刘运华、朱文兰、单文彪、李兴林等多位同志参与了本书的调研和实践工作。在此，谨向为本书的完成提供支持和帮助的单位和所有工作人员表示衷心感谢！

由于作者水平有限，书中存在的不妥之处，敬请读者朋友批评指正。

编　者

2023 年 3 月

目　录

取水户取水管理工作涉及的法律法规主要有《中华人民共和国水法》《中华人民共和国长江保护法》《取水许可和水资源费征收管理条例》《取水许可管理办法》《重庆市水资源管理条例》《重庆市水污染防治条例》《重庆市取水许可和水资源费征收管理办法》等,为了有效指导全市取水户开展日常取水许可管理工作,现将各法律法规涉及有关条款汇总如下。

中华人民共和国水法

（主席令第74号）

第一章 总 则

第七条 国家对水资源依法实行取水许可制度和有偿使用制度。但是，农村集体经济组织及其成员使用本集体经济组织的水塘、水库中的水的除外。国务院水行政主管部门负责全国取水许可制度和水资源有偿使用制度的组织实施。

第三章 水资源开发利用

第二十八条 任何单位和个人引水、截（蓄）水、排水，不得损害公共利益和他人的合法权益。

第四章 水资源、水域和水工程的保护

第三十一条 从事水资源开发、利用、节约、保护和防治水害等水事活动，应当遵守经批准的规划；因违反规划造成江河和湖泊水域使用功能降低、地下水超采、地面沉降、水体污染的，应当承担治理责任。

开采矿藏或者建设地下工程，因疏干排水导致地下水水位下降、水源枯竭或者地面塌陷，采矿单位或者建设单位应当采取补救措施；对他人生活和生产造成损失的，依法给予补偿。

第五章　水资源配置和节约使用

第四十八条　直接从江河、湖泊或者地下取用水资源的单位和个人，应当按照国家取水许可制度和水资源有偿使用制度的规定，向水行政主管部门或者流域管理机构申请领取取水许可证，并缴纳水资源费，取得取水权。但是，家庭生活和零星散养、圈养畜禽饮用等少量取水的除外。

实施取水许可制度和征收管理水资源费的具体办法，由国务院规定。

第五十三条　新建、扩建、改建建设项目，应当制订节水措施方案，配套建设节水设施。节水设施应当与主体工程同时设计、同时施工、同时投产。

供水企业和自建供水设施的单位应当加强供水设施的维护管理，减少水的漏失。

第六章　水事纠纷处理与执法监督检查

第六十一条　有关单位或者个人对水政监督检查人员的监督检查工作应当给予配合，不得拒绝或者阻碍水政监督检查人员依法执行职务。

第七章　法律责任

第六十九条　有下列行为之一的，由县级以上人民政府水行政主管部门或者流域管理机构依据职权，责令停止违法行为，限期采取补救措施，处二万元以上十万元以下的罚款；情节严重的，吊销其取水许可证：

（一）未经批准擅自取水的；

（二）未依照批准的取水许可规定条件取水的。

第七十条 拒不缴纳、拖延缴纳或者拖欠水资源费的，由县级以上人民政府水行政主管部门或者流域管理机构依据职权，责令限期缴纳；逾期不缴纳的，从滞纳之日起按日加收滞纳部分千分之二的滞纳金，并处应缴或者补缴水资源费一倍以上五倍以下的罚款。

中华人民共和国长江保护法

（主席令第65号）

第三章 资源保护

第三十一条 国家加强长江流域生态用水保障。国务院水行政主管部门会同国务院有关部门提出长江干流、重要支流和重要湖泊控制断面的生态流量管控指标。其他河湖生态流量管控指标由长江流域县级以上地方人民政府水行政主管部门会同本级人民政府有关部门确定。

国务院水行政主管部门有关流域管理机构应当将生态水量纳入年度水量调度计划，保证河湖基本生态用水需求，保障枯水期和鱼类产卵期生态流量、重要湖泊的水量和水位，保障长江河口咸淡水平衡。

长江干流、重要支流和重要湖泊上游的水利水电、航运枢纽等工程应当将生态用水调度纳入日常运行调度规程，建立常规生态调度机制，保证河湖生态流量；其下泄流量不符合生态流量泄放要求的，由县级以上人民政府水行政主管部门提出整改措施并监督实施。

第三十四条 国家加强长江流域饮用水水源地保护。国务院水行政主管部门会同国务院有关部门制定长江流域饮用水水源地名录。长江流域省级人民政府水行政主管部门会同本级人民政府有关部门制定本行政区域的其他饮用水水源地名录。

长江流域省级人民政府组织划定饮用水水源保护区，加强饮用水水源保护，保障饮用水安全。

第三十五条 长江流域县级以上地方人民政府及其有关部门应当合理布局饮用水水源取水口，制定饮用水安全突发事件应急预案，加强饮用水备用应急水源建设，对饮用水水源的水环境质量进行实时监测。

取水许可和水资源费征收管理条例

（国务院令第 460 号）

第一章　总　则

第二条　本条例所称取水，是指利用取水工程或者设施直接从江河、湖泊或者地下取用水资源。

取用水资源的单位和个人，除本条例第四条规定的情形外，都应当申请领取取水许可证，并缴纳水资源费。

本条例所称取水工程或者设施，是指闸、坝、渠道、人工河道、虹吸管、水泵、水井以及水电站等。

第四条　下列情形不需要申请领取取水许可证：

（一）农村集体经济组织及其成员使用本集体经济组织的水塘、水库中的水的；

（二）家庭生活和零星散养、圈养畜禽饮用等少量取水的；

（三）为保障矿井等地下工程施工安全和生产安全必须进行临时应急取（排）水的；

（四）为消除对公共安全或者公共利益的危害临时应急取水的；

（五）为农业抗旱和维护生态与环境必须临时应急取水的。

前款第（二）项规定的少量取水的限额，由省、自治区、直辖市人民政府规定；第（三）项、第（四）项规定的取水，应当及时报县级以上地方人民政府水行政主管部门或者流域管理机构备案；第（五）项规定的取水，应当经县级以上人民政府水行政主管部门或者流域管理机构同意。

第九条　任何单位和个人都有节约和保护水资源的义务。

第二章　取水的申请和受理

第十条　申请取水的单位或者个人（以下简称申请人），应当向具有审批权限的审批机关提出申请。申请利用多种水源，且各种水源的取水许可审批机关不同的，应当向其中最高一级审批机关提出申请。

第十一条　申请取水应当提交下列材料：

（一）申请书；

（二）与第三者利害关系的相关说明；

（三）属于备案项目的，提供有关备案材料；

（四）国务院水行政主管部门规定的其他材料。

建设项目需要取水的，申请人还应当提交建设项目水资源论证报告书。论证报告书应当包括取水水源、用水合理性以及对生态与环境的影响等内容。

第十二条　申请书应当包括下列事项：

（一）申请人的名称（姓名）、地址；

（二）申请理由；

（三）取水的起始时间及期限；

（四）取水目的、取水量、年内各月的用水量等；

（五）水源及取水地点；

（六）取水方式、计量方式和节水措施；

（七）退水地点和退水中所含主要污染物以及污水处理措施；

（八）国务院水行政主管部门规定的其他事项。

第三章　取水许可的审查和决定

第二十一条　取水申请经审批机关批准，申请人方可兴建取水工程或者设施。

第二十二条　取水申请批准后3年内，取水工程或者设施未开工建设，或者需由国家审批、核准的建设项目未取得国家审批、核准的，取水申请批准文件自行失效。

建设项目中取水事项有较大变更的，建设单位应当重新进行建设项目水资源论证，并重新申请取水。

第二十三条　取水工程或者设施竣工后，申请人应当按照国务院水行政主管部门的规定，向取水审批机关报送取水工程或者设施试运行情况等相关材料；经验收合格的，由审批机关核发取水许可证。

直接利用已有的取水工程或者设施取水的，经审批机关审查合格，发给取水许可证。

审批机关应当将发放取水许可证的情况及时通知取水口所在地县级人民政府水行政主管部门，并定期对取水许可证的发放情况予以公告。

第二十四条　取水许可证应当包括下列内容：

（一）取水单位或者个人的名称（姓名）；

（二）取水期限；

（三）取水量和取水用途；

（四）水源类型；

（五）取水、退水地点及退水方式、退水量。

前款第（三）项规定的取水量是在江河、湖泊、地下水多年平均水量情况下允许的取水单位或者个人的最大取水量。

取水许可证由国务院水行政主管部门统一制作，审批机关核发取水许可证只能收取工本费。

第二十五条 取水许可证有效期限一般为5年，最长不超过10年。有效期届满，需要延续的，取水单位或者个人应当在有效期届满45日前向原审批机关提出申请，原审批机关应当在有效期届满前，作出是否延续的决定。

第二十六条 取水单位或者个人要求变更取水许可证载明的事项的，应当依照本条例的规定向原审批机关申请，经原审批机关批准，办理有关变更手续。

第二十七条 依法获得取水权的单位或者个人，通过调整产品和产业结构、改革工艺、节水等措施节约水资源的，在取水许可的有效期和取水限额内，经原审批机关批准，可以依法有偿转让其节约的水资源，并到原审批机关办理取水权变更手续。具体办法由国务院水行政主管部门制定。

第四章　水资源费的征收和使用管理

第二十八条 取水单位或者个人应当缴纳水资源费。

取水单位或者个人应当按照经批准的年度取水计划取水。超计划或者超定额取水的，对超计划或者超定额部分累进收取水资源费。

水资源费征收标准由省、自治区、直辖市人民政府价格主管部门会同同级财政部门、水行政主管部门制定，报本级人民政府批准，并报国务院价格主管部门、财政部门和水行政主管部门备案。其中，由流域管理机构审批取水的中央直属和跨省、自治区、直辖市水利工程的水资源费征收标准，由国务院价格主管部门会同国务院财政部门、水行政主管部门制定。

第三十三条 取水审批机关确定水资源费缴纳数额后，应当向取水单位或者个人送达水资源费缴纳通知单，取水单位或者个人应当自收到缴纳通知单之日起 7 日内办理缴纳手续。

直接从江河、湖泊或者地下取用水资源从事农业生产的，对超过省、自治区、直辖市规定的农业生产用水限额部分的水资源，由取水单位或者个人根据取水口所在地水资源费征收标准和实际取水量缴纳水资源费；符合规定的农业生产用水限额的取水，不缴纳水资源费。取用供水工程的水从事农业生产的，由用水单位或者个人按照实际用水量向供水工程单位缴纳水费，由供水工程单位统一缴纳水资源费；水资源费计入供水成本。

为了公共利益需要，按照国家批准的跨行政区域水量分配方案实施的临时应急调水，由调入区域的取用水的单位或者个人，根据所在地水资源费征收标准和实际取水量缴纳水资源费。

第三十四条 取水单位或者个人因特殊困难不能按期缴纳水资源费的，可以自收到水资源费缴纳通知单之日起7日内向发出缴纳通知单的水行政主管部门申请缓缴；发出缴纳通知单的水行政主管部门应当自收到缓缴申请之日起5个工作日内作出书面决定并通知申请人；期满未作决定的，视为同意。水资源费的缓缴期限最长不得超过90日。

第五章 监督管理

第四十条 取水审批机关依照本地区下一年度取水计

划、取水单位或者个人提出的下一年度取水计划建议，按照统筹协调、综合平衡、留有余地的原则，向取水单位或者个人下达下一年度取水计划。

取水单位或者个人因特殊原因需要调整年度取水计划的，应当经原审批机关同意。

第四十一条 有下列情形之一的，审批机关可以对取水单位或者个人的年度取水量予以限制：

（一）因自然原因，水资源不能满足本地区正常供水的；

（二）取水、退水对水功能区水域使用功能、生态与环境造成严重影响的；

（三）地下水严重超采或者因地下水开采引起地面沉降等地质灾害的；

（四）出现需要限制取水量的其他特殊情况的。

发生重大旱情时，审批机关可以对取水单位或者个人的取水量予以紧急限制。

第四十二条 取水单位或者个人应当在每年的12月31日前向审批机关报送本年度的取水情况和下一年度取水计划建议。

审批机关应当按年度将取用地下水的情况抄送同级国土资源主管部门，将取用城市规划区地下水的情况抄送同级城市建设主管部门。

审批机关依照本条例第四十一条第一款的规定，需要对取水单位或者个人的年度取水量予以限制的，应当在采取限制措施前及时书面通知取水单位或者个人。

第四十三条 取水单位或者个人应当依照国家技术标准安装计量设施，保证计量设施正常运行，并按照规定填报取水统计报表。

第四十四条　连续停止取水满2年的，由原审批机关注销取水许可证。由于不可抗力或者进行重大技术改造等原因造成停止取水满2年的，经原审批机关同意，可以保留取水许可证。

第四十五条　县级以上人民政府水行政主管部门或者流域管理机构在进行监督检查时，有权采取下列措施：

（一）要求被检查单位或者个人提供有关文件、证照、资料；

（二）要求被检查单位或者个人就执行本条例的有关问题作出说明；

（三）进入被检查单位或者个人的生产场所进行调查；

（四）责令被检查单位或者个人停止违反本条例的行为，履行法定义务。

监督检查人员在进行监督检查时，应当出示合法有效的行政执法证件。有关单位和个人对监督检查工作应当给予配合，不得拒绝或者阻碍监督检查人员依法执行公务。

第六章　法律责任

第四十八条　未经批准擅自取水，或者未依照批准的取水许可规定条件取水的，依照《中华人民共和国水法》第六十九条规定处罚；给他人造成妨碍或者损失的，应当排除妨碍、赔偿损失。

第四十九条　未取得取水申请批准文件擅自建设取水工程或者设施的，责令停止违法行为，限期补办有关手续；逾期不补办或者补办未被批准的，责令限期拆除或者封闭其取水工程或者设施；逾期不拆除或者不封闭其取水工程或者设施的，由县级以上地方人民政府水行政主管部门或者流域管理机构组织拆除或者封闭，所需费用由违法行为人承担，可以处5万元以下罚款。

第五十条 申请人隐瞒有关情况或者提供虚假材料骗取取水申请批准文件或者取水许可证的，取水申请批准文件或者取水许可证无效，对申请人给予警告，责令其限期补缴应当缴纳的水资源费，处2万元以上10万元以下罚款；构成犯罪的，依法追究刑事责任。

第五十一条 拒不执行审批机关作出的取水量限制决定，或者未经批准擅自转让取水权的，责令停止违法行为，限期改正，处2万元以上10万元以下罚款；逾期拒不改正或者情节严重的，吊销取水许可证。

第五十二条 有下列行为之一的，责令停止违法行为，限期改正，处5 000元以上2万元以下罚款；情节严重的，吊销取水许可证：

（一）不按照规定报送年度取水情况的；

（二）拒绝接受监督检查或者弄虚作假的；

（三）退水水质达不到规定要求的。

第五十三条 未安装计量设施的，责令限期安装，并按照日最大取水能力计算的取水量和水资源费征收标准计征水资源费，处5 000元以上2万元以下罚款；情节严重的，吊销取水许可证。

计量设施不合格或者运行不正常的，责令限期更换或者修复；逾期不更换或者不修复的，按照日最大取水能力计算的取水量和水资源费征收标准计征水资源费，可以处1万元以下罚款；情节严重的，吊销取水许可证。

第五十四条 取水单位或者个人拒不缴纳、拖延缴纳或者拖欠水资源费的，依照《中华人民共和国水法》第七十条规定处罚。

第五十五条 对违反规定征收水资源费、取水许可证照费的，由价格主管部门依法予以行政处罚。

第五十六条 伪造、涂改、冒用取水申请批准文件、取水许可证的，责令改正，没收违法所得和非法财物，并处 2 万元以上 10 万元以下罚款；构成犯罪的，依法追究刑事责任。

取水许可管理办法

（水利部令第34号）

第一章 总 则

第二条 取用水资源的单位和个人以及从事取水许可管理活动的水行政主管部门和流域管理机构及其工作人员，应当遵守本办法。

第二章 取水的申请和受理

第五条 建设项目取得取水许可申请批准文件，申请人方可兴建取水工程或者设施。

第七条 直接取用其他取水单位或者个人的退水或者排水的，应当依法办理取水许可申请。

第八条 需要申请取水的建设项目，申请人应当按照《建设项目水资源论证管理办法》要求，自行或者委托有关单位编制建设项目水资源论证报告书。其中，取水量较少且对周边环境影响较小的建设项目，申请人可不编制建设项目水资源论证报告书，但应当填写建设项目水资源论证表。

不需要编制建设项目水资源论证报告书的情形以及建设项目水资源论证表的格式及填报要求，由水利部规定。

第十条 《取水条例》（指《取水许可和水资源费征收管理条例》，下同。编者注）第十一条第一款第四项所称的国务院水行政主管部门规定的其他材料包括：

（一）取水单位或者个人的法定身份证明文件；

（二）有利害关系第三者的承诺书或者其他文件；

（三）建设项目水资源论证报告书；

（四）不需要编制建设项目水资源论证报告书的，应当提交建设项目水资源论证表；

（五）利用已批准的入河排污口退水的，应当出具具有管辖权的县级以上地方人民政府水行政主管部门或者流域管理机构的同意文件。

第十一条　申请人应当向具有审批权限的审批机关提出申请。申请利用多种水源，且各种水源的取水审批机关不同的，应当向其中最高一级审批机关提出申请。

申请在地下水限制开采区开采利用地下水的，应当向取水口所在地的省、自治区、直辖市人民政府水行政主管部门提出申请。

取水许可权限属于流域管理机构的，应当向取水口所在地的省、自治区、直辖市人民政府水行政主管部门提出申请；其中，取水口跨省、自治区、直辖市的，应当分别向相关省、自治区、直辖市人民政府水行政主管部门提出申请。

第十四条　《取水条例》第四条规定的为保障矿井等地下工程施工安全和生产安全必须进行临时应急取（排）水的以及为消除对公共安全或者公共利益的危害临时应急取水的，取水单位或者个人应当在危险排除或者事后10日内，将取水情况报取水口所在地县级以上地方人民政府水行政主管部门或者流域管理机构备案。

第十五条　《取水条例》第四条规定的为农业抗旱和维护生态与环境必须临时应急取水的，取水单位或者个人应当在开始取水前向取水口所在地县级人民政府水行政主管提出申请，经其同意后方可取水；涉及到跨行政区域的，须经共同的上一级地方人民政府水行政主管部门或者流域管理机构同意后方可取水。

第四章　取水许可证的发放和公告

第二十二条　取水工程或者设施建成并试运行满30日的，申请人应当向取水审批机关报送以下材料，申请核发取水许可证：

（一）建设项目的批准或者核准文件；

（二）取水申请批准文件；

（三）取水工程或者设施的建设和试运行情况；

（四）取水计量设施的计量认证情况；

（五）节水设施的建设和试运行情况；

（六）污水处理措施落实情况；

（七）试运行期间的取水、退水监测结果。

拦河闸坝等蓄水工程，还应当提交经地方人民政府水行政主管部门或者流域管理机构批准的蓄水调度运行方案。

地下水取水工程，还应当提交包括成井抽水试验综合成果图、水质分析报告等内容的施工报告。

取水申请批准文件由不同流域管理机构联合签发的，申请人可以向其中任何一个流域管理机构报送材料。

第二十六条　按照《取水条例》第二十五条规定，取水单位或者个人向原取水审批机关提出延续取水申请时应当提交下列材料：

（一）延续取水申请书；

（二）原取水申请批准文件和取水许可证。

取水审批机关应当对原批准的取水量、实际取水量、节水水平和退水水质状况以及取水单位或者个人所在行业的平均用水水平、当地水资源供需状况等进行全面评估，在取水许可证届满前决定是否批准延续。批准延续的，应当核发新的取水许可证；不批准延续的，应当书面说明理由。

第二十七条 在取水许可证有效期限内，取水单位或者个人需要变更其名称（姓名）的或者因取水权转让需要办理取水权变更手续的，应当持法定身份证明文件和有关取水权转让的批准文件，向原取水审批机关提出变更申请。取水审批机关审查同意的，应当核发新的取水许可证；其中，仅变更取水单位或者个人名称（姓名）的，可以在原取水许可证上注明。

第二十八条 在取水许可证有效期限内出现下列情形之一的，取水单位或者个人应当重新提出取水申请：

（一）取水量或者取水用途发生改变的（因取水权转让引起的取水量改变的情形除外）；

（二）取水水源或者取水地点发生改变的；

（三）退水地点、退水量或者退水方式发生改变的；

（四）退水中所含主要污染物及污水处理措施发生变化的。

第二十九条 连续停止取水满 2 年的，由原取水审批机关注销取水许可证。由于不可抗力或者进行重大技术改造等原因造成停止取水满 2 年且取水许可证有效期尚未届满的，经原取水审批机关同意，可以保留取水许可证。

第五章 监督管理

第三十四条 取水单位或者个人应当在每年的 12 月 31

日前向取水审批机关报送其本年度的取水情况总结(表)和下一年度的取水计划建议(表)。

水力发电工程,还应当报送其下一年度发电计划。

公共供水工程,还应当附具供水范围内重要用水户下一年度用水需求计划。

取水情况总结(表)和取水计划建议(表)的格式及填报要求,由省、自治区、直辖市水行政主管部门或者流域管理机构制定。

第三十六条 新建、改建、扩建建设项目,取水单位或者个人应当在取水工程或者设施经验收合格后、开始取水前30日内,向取水审批机关提出其该年度的取水计划建议。取水审批机关批准后,应当及时向取水单位或者个人下达年度取水计划。

第三十七条 取水单位或者个人应当严格按照批准的年度取水计划取水。因扩大生产等特殊原因需要调整年度取水计划的,应当报经原取水审批机关同意。

第三十八条 取水单位或者个人应当按照取水审批机关下达的年度取水计划核定的退水量,在规定的退水地点退水。

因取水单位或者个人的责任,致使退水量减少的,取水审批机关应当责令其限期改正;期满无正当理由不改正的,取水审批机关可以根据年度取水计划核定的应当退水量相应核减其取水量。

第四十一条 取水单位或者个人应当安装符合国家法律法规或者技术标准要求的计量设施,对取水量和退水量进行计量,并定期进行检定或者核准,保证计量设施正常使用和量值的准确、可靠。

利用闸坝等水工建筑物系数或者泵站开机时间、电表度数计算水量的,应当由具有相应资质的单位进行率定。

第四十二条 有下列情形之一的,可以按照取水设施日最大取水能力计算取(退)水量:

(一)未安装取(退)水计量设施的;

(二)取(退)水计量设施不合格或者不能正常运行的;

(三)取水单位或者个人拒不提供或者伪造取(退)水数据资料的。

第四十三条 取水许可监督管理机关应当按月或者按季抄录取水单位或者个人的实际取水量、退水量或者实际发电量,一式二份,双方签字认可,取水许可监督管理机关和取水单位或者个人各持一份。

取水单位或者个人拒绝签字的,取水许可监督管理机关应当派两名以上工作人员到现场查验,记录存档,并当场留置一份给取水单位或者个人。

第四十四条 取水单位或者个人应当根据国家技术标准对用水情况进行水平衡测试,改进用水工艺或者方法,提高水的重复利用率和再生水利用率。

第六章 罚 则

第四十八条 取水单位或者个人违反本办法规定的,按照《中华人民共和国水法》和《取水条例》的有关规定予以处罚。

第四十九条 取水单位或者个人违反本办法规定,有下列行为之一的,由取水审批机关责令其限期改正,并可处1 000元以下罚款:

(一)擅自停止使用节水设施的;

(二)擅自停止使用取退水计量设施的；
(三)不按规定提供取水、退水计量资料的。

重庆市水资源管理条例

第三章　水资源监测与保护

第十四条　取水单位或者个人应当在取水口设立醒目标志，安装检定合格的取水计量设施，并保证相关设施、设备的正常运行，不得擅自拆除、停用。

市、区县（自治县）水行政主管部门应当公布获得批准的取水口布局情况，加强取水计量监督管理，根据国家规定开展取水计量设施在线监测，有关取水单位和个人应当予以协助配合。

第十九条　市、区县（自治县）人民政府应当建立饮用水水源地安全评估制度，开展饮用水水源地安全保障建设，加强饮用水水源应急管理，制定饮用水水源地突发事件应急预案，建立备用饮用水水源。

饮用水水源地管理单位、取水单位应当按照各自职责建立、健全巡查制度，组织对饮用水水源地及相关设施进行巡查，并做好巡查记录。对巡查中发现可能造成饮用水水源污染的行为应当劝阻和制止，劝阻和制止无效的，应当及时向有关执法机关报告，由有关执法机关依法处置。

第二十一条　开采地下水的单位或者个人，应当按照水资源规划开采，并加强地下水水位、水质的监测，建立技术档案，接受水行政主管部门和有关部门的监督管理。

在地下水超采地区，禁止开采地下水。

第二十二条 开采(勘查)煤、石油、天然气、页岩气以及其他矿产资源,修建隧道(洞)等地下工程,建设单位在依法进行环境影响评价时,应当对水环境进行科学评价,并根据评价结果采取相应的工程、非工程防治措施或者搬迁措施。

因开采(勘查)煤、石油、天然气、页岩气以及其他矿产资源,修建隧道(洞)等地下工程,导致水工程原有功能丧失的,建设单位应当采取措施恢复原有功能或者修建与原工程效益相当的替代工程,无法恢复原有功能或者修建替代工程的,建设单位应当按照工程重置价格进行补偿。

第二十三条 在城乡规划区公共供水管网覆盖范围内,且能满足用水需要的情况下,禁止单位或者个人自备取水设施取用地下水。禁止在城市、集镇等建筑物密集区直接取用地下水用于地源热泵系统。

鼓励城市街道地面采用透水建筑材料,维持地下水补给平衡。

第二十四条 市、区县(自治县)水行政主管部门应当对辖区内的水资源保护工程、取水单位和个人建立监督检查制度。

被检查单位和个人应当积极配合水行政主管部门及其直属水资源管理、监测机构的监督检查,如实反映情况,不得提供虚假数据,不得拒绝或者阻碍监督检查人员以及监测、管理人员依法执行公务。

第四章 水资源配置与取用水管理

第二十六条 水源和引供水工程建设、供水调度应当以径流调蓄计划和水量分配方案为依据。有调蓄任务的水工程，应当按照径流调蓄计划和水量分配方案蓄水、放水。

取水单位或者个人、水工程管理单位应当服从市、区县（自治县）水行政主管部门对水资源的统一调度。

第二十八条 制定国民经济和社会发展规划、城乡总体规划、涉及利用水资源的产业发展规划，应当开展水资源论证。

申请取水的建设项目应当按照分级管理权限向市、区县（自治县）水行政主管部门一并提交建设项目水资源论证报告书，水行政主管部门应当组织相关单位和专家对提交的建设项目水资源论证报告书进行审查。水资源论证报告审查通过后，建设项目的性质、规模、地点或者取水标的等发生重大变化的，应当按照上述程序重新进行水资源论证。

未依法完成水资源论证工作的建设项目，取水许可审批机关不予批准，建设单位不得擅自开工建设和投产使用，对违反规定的，一律责令停止。

市、区县（自治县）水行政主管部门应当对已通过取水许可审批并建成运行的建设项目，开展水资源论证后评估工作。

第二十九条 申请取水的单位或者个人在取水申请批准后方可兴建取水工程或者设施，取水工程或者设施经验收合格后，发给取水许可证。取水单位和个人不得随意改变取水许可规定条件。

市、区县（自治县）水行政主管部门对取用水总量已达到或者超过控制指标的地区，暂停审批建设项目新增取水；对取用水总量接近控制指标的地区，限制审批新增取水。

对不符合国家产业政策或者列入国家产业结构调整指导目录中淘汰类的，产品不符合行业用水定额标准的，具有地表水取用条件却取用地下水的，以及其他不符合取用地下水条件的建设项目取水申请,审批机关不予批准。

第三十条 直接从江河、湖泊、地下取水的单位或者个人,应当依法向市、区县(自治县)水行政主管部门缴纳水资源费。

水资源费纳入财政预算管理,用于水资源的开发、节约、保护和管理,任何单位和个人不得截留、侵占或者挪用。

水资源费的征收、管理和使用办法,由市人民政府规定。

第五章 节约用水

第三十二条 取水单位或者个人应当在每年的12月31日前向有管辖权的水行政主管部门报送本年度取水情况和下一年度取水计划申请。市、区县(自治县)水行政主管部门应当根据本行政区域的年度用水计划向取水单位或者个人下达年度取水计划。取水单位或者个人必须按照市、区县(自治县)水行政主管部门批准的计划取水。

水力发电工程,应当向取水审批机关报送其下一年度发电计划。

第三十四条 工业用水单位应当积极研究和采取有效措施降低水的消耗量,增加循环用水次数,提高水的重复利用率。对取水工艺、设施落后,耗水量大,节水措施不力的单位,市、区县(自治县)水行政主管部门应当责令限期整改;逾期未整改的,核减其取水量。

第三十六条 新建、扩建、改建建设项目应当配套建设节水设施。已建项目未配套节水设施的,应当进行节水设施的配套建设。

市、区县(自治县)水行政主管部门应当根据降雨、入境水、取用水、排水、出境水等情况变化适时开展区域用水审计。

取用水单位应当定期进行取水、用水、排水水平衡测试，并将测试结果报有管辖权的水行政主管部门备案。因生产技术、工艺流程和规模等发生变化的，应当及时进行新的水平衡测试。

第六章 法律责任

第四十条 取水单位和个人有下列行为之一，由市、区县(自治县)水行政主管部门责令停止违法行为，限期改正，处五千元以上二万元以下罚款：

(一)取水口未设置醒目标志，或者标志被损坏后未及时修复、更换的；

(二)未按照规定提交取用水数据等资料或者提供虚假取用水数据、故意关闭取水口、故意减小取水量、隐瞒取水口位置和数量等规避水资源监测工作以及拒绝监督检查的。

第四十一条 违反本条例规定取用地下水的由水行政主管部门依照有关法律、行政法规规定予以处罚，水行政主管部门可以责令限期拆除取水设施。

第四十二条 取水许可证持有人未按照规定安装取水计量设施的，由市、区县(自治县)水行政主管部门责令限期改正，逾期不改正的，处五千元以上一万元以下罚款；擅自拆除、停用取水计量设施的，由市、区县(自治县)水行政主管部门责令限期安装或者恢复使用，并按照日最大取水能力计算的取水量和水资源费征收标准计征水资源费，处五千元以上二万元以下罚款。

取水单位或者个人、水工程管理单位不执行水资源调度命令或者决定的，由市、区县(自治县)水行政主管部门处一万元以上五万元以下罚款。

不执行取水量核减决定的，由市、区县(自治县)水行政主管部门处二万元以上十万元以下罚款。

第四十三条 拒不缴纳、拖延缴纳或者拖欠水资源费的，由市、区县(自治县)水行政主管部门责令限期缴纳；逾期不缴纳的，从滞纳之日起按日加收滞纳部分千分之二的滞纳金，并处应缴或者补缴水资源费一倍以上五倍以下的罚款。

重庆市水污染防治条例

第四章　饮用水水源保护

第五十一条　乡镇人民政府、街道办事处应当对本辖区内饮用水水源的污染防治工作建立日常巡查制度。

饮用水水源地的管理单位、取水单位应当按照各自职责开展巡查工作，组织对饮用水水源地和相关设施进行巡查，并做好巡查记录。对巡查中发现可能造成饮用水水源污染的行为，应当劝阻和制止；劝阻和制止无效的，应当向有关执法机关报告，由有关执法机关依法处置。

第五十五条　市、区县（自治县）人民政府应当按照国家要求组织生态环境等主管部门，对饮用水水源保护区、地下水型饮用水源的补给区以及供水单位周边区域的环境状况和污染风险进行调查评估，筛查可能存在的污染风险因素，并采取相应的风险防范措施。

饮用水水源受到污染可能威胁供水安全时，生态环境主管部门应当责令相关企业事业单位和其他生产经营者采取停止排放水污染物等措施，通报饮用水供水单位和城市管理、水行政、卫生健康等部门，并报告本级人民政府。所在地区县（自治县）人民政府应当及时向社会公布有关信息，可能影响下游地区饮用水供水安全的，还应当及时向下游区县（自治县）人民政府通报情况。

所在地区县（自治县）人民政府、有关主管部门、造成污染的企业事业单位和其他生产经营者应当立即采取措施消除污染。

第五十七条 区县(自治县)人民政府应当组织编制饮用水安全突发事件应急预案,建立健全饮用水水源应急保障体系,确保应急状态下的饮用水供应。

饮用水供水单位应当根据所在地饮用水安全突发事件应急预案,制订相应的突发事件应急方案,报所在地区县(自治县)人民政府备案,并定期进行演练。

饮用水水源发生水污染事故,或者发生其他可能影响饮用水安全的突发性事件,饮用水供水单位应当采取应急处理措施,向所在地区县(自治县)人民政府报告,并向社会公开。有关人民政府应当根据情况及时启动应急预案,采取有效措施,保障供水安全。

重庆市取水许可和水资源费征收管理办法

（渝府令第158号）

第一章　总　则

第二条　凡利用取水工程或者设施直接从江河(溪流)、湖泊或者地下取用水资源的单位和个人,适用本办法。

前款所称取水工程或者设施是指闸、坝、水电站、渠道、人工河道、虹吸管、泵站、机电井等。

第三条　下列取水不需要办理取水许可证和缴纳水资源费:

(一)农村集体经济组织及其成员在本集体经济组织的水塘、水库中取水;

(二)为家庭生活和零星散养、圈养畜禽等年取水量在3 000立方米以下的取水;

(三)为消除对公共安全或者公共利益的危害进行的临时应急取水;

(四)为保障矿井、隧道等地下工程施工安全和生产安全进行的临时应急取水;

(五)为农业抗旱进行的临时应急取水;

(六)法律、法规规定的其他取水。

第四条　市、区县(自治县、市)水行政主管部门按照水资源分级管理权限负责取水许可审批和水资源费的征收管理工作。

年核准取用地表水1 000万立方米以上、地下水200万立方米以上、水(火)力发电总装机容量在5[1]万千瓦以上(均含本数)和大中型水库的取水,由市水行政主管部门审批、发放取水许可证并征收水资源费。

未达到上述限额的取水,由取水所在地的区县(自治县、市)水行政主管部门审批、发放取水许可证并征收水资源费。

国家规定由长江水利委员会审批的取水,从其规定。

第二章 取水许可的申请与审批

第六条 除本办法第三条规定的取水外,利用取水工程或者设施直接从江河(溪流)、湖泊或者地下取用水资源实行取水许可制度。

实施取水许可,遵循公平、公正、公开、便民和及时的原则。

第七条 新建、改建、扩建的建设项目,地表水年取水量在10万立方米以上、地下水年取水量在1万立方米以上的,申请人应当按照水利部门和国家发展改革委发布的《建设项目水资源论证管理办法》,编制建设项目水资源论证报告书。

第十五条 取水工程或者设施的取水计量设施、节水设施和污水处理设施必须与工程主体设施同时设计、同时施工、同时投入使用。

第十六条 取水工程或者设施建成后由有管理权限的水

---

[1] 按照《重庆市水利局关于印发贯彻落实重庆市人民政府关于进一步实施区县扩权推进城乡统筹发展的决定的实施意见的通知》(渝水政〔2008〕1号)规定,已将原2.5万千瓦修改为5万千瓦。

行政主管部门检验,检验合格的应当发给取水许可证。

市、区县(自治县、市)水行政主管部门应当定期对取水许可证的发放情况予以公告。

第三章　取水许可监督管理

第十七条　取水人应当依照国家技术标准安装取水计量设施,保证计量设施正常运行,并按照规定填报取用水统计报表。

第十八条　市、区县(自治县、市)水行政主管部门根据本地区下一年度取水调配计划、取水人对下一年度的取水计划,按照统筹协调、综合平衡、留有余地的原则,向取水人下达下一年度取水计划。

取水人应当按照下达的年度取水计划取水。取水人因特殊原因需要增加取水用量计划的,须经有管理权限的水行政主管部门同意。

第二十条　有下列情形之一的,水行政管理部门可以对取水人的取水量予以核减或者限制:

(一)由于自然原因和重大事故等使水源不能满足本地区正常供水的;

(二)社会总需水量增加而又无法获得新水源的;

(三)由于取水、排水对生态环境造成严重影响的;

(四)出现需要核减或者限制取水量的其他特殊情况的。

第二十一条　取水许可证有效期限为5年。需要延长取水期限的,应当在距期满90天前向原批准机关提出申请。原批准机关应当在接到申请之日起30天内决定批准或者不批准。

第二十二条 因取水人或取水方式、取水用途、排水地点发生变化的,取水人应持取水许可证到原批准发放取水许可证的机关办理取水许可变更手续。

因取水地点、取水量超过核定取用的最大水量的,取水人应重新办理取水许可申请。

第四章 水资源费的征收管理

第二十四条 除本办法第三条规定的取水和农业灌溉以外的取水人,均应按本办法的规定缴纳水资源费。

第二十七条 取水人在核准的年取水计划内取水的,水资源费按规定标准缴纳。

年实际取水量超过核准的年取水计划,超额不到30%的,超过部分按规定标准的两倍缴纳;超额30%以上的,超过部分按规定标准的3倍缴纳。

第二十八条 一般取水项目的水资源费按实际取水量计收;水(火)力发电取水按发电量计收;以水为主要原料的产品的水资源费按产品销售额计收。

按实际取水量计收水资源费的取水人,无量水设施或不提供实际取水量的,按取水口设计引水量或机械设施取水能力连续满负荷运转计收水资源费。

按发电量计收水资源费的取水人,不提供实际发电量报表的,按设计发电功率连续满负荷运转计收水资源费。

第二十九条 水资源费按月或按季征收。取水人应在规定期限内缴纳水资源费,逾期不缴纳水资源费的,每逾期1日,加收2‰滞纳金。

第三十条 水资源费不得减免征收。法律、行政法规另有规定的,从其规定。

特别困难和享受国家产业税收优惠政策的取水单位,可于每年1月31日前向有管理权的水行政主管部门提出缓缴水资源费的申请。水行政主管部门对缓缴申请应每年汇总审核1次,并报同级人民政府批准后,取水单位可以缓缴当年水资源费。

第五章 附 则

第三十三条 取用地热水、矿泉水的,应当先向水行政主管部门申请取水许可证,确定开采限量;凭取水许可证向地质矿产行政主管部门登记,办理相应的采矿许可证。

取用地热水、矿泉水的,由地质矿产行政主管部门按规定征收采矿权使用费和矿产资源补偿费;已缴纳地热水、矿泉水的采矿权使用费和矿产资源补偿费的,不再缴纳水资源费。

对地热水、矿泉水的管理,国务院有新规定的,从其规定。

第三十四条 取水许可证核准的取水量是允许取水人取用的最大水量。

第三十五条 取水单位和个人违反本办法规定,按《重庆市水资源管理条例》予以处罚。

关于水资源费征收标准有关问题的通知

（发改价格〔2013〕29号）

四、严格控制地下水过量开采。同一类型取用水，地下水水资源费征收标准要高于地表水，水资源紧缺地区地下水水资源费征收标准要大幅高于地表水；超采地区的地下水水资源费征收标准要高于非超采地区，严重超采地区的地下水水资源费征收标准要大幅高于非超采地区；城市公共供水管网覆盖范围内取用地下水的自备水源水资源费征收标准要高于公共供水管网未覆盖地区，原则上要高于当地同类用途的城市供水价格。

五、支持农业生产和农民生活合理取用水。对规定限额内的农业生产取水，不征收水资源费。对超过限额部分尚未征收水资源费且经济社会发展水平低、农民承受能力弱的地区，要妥善把握开征水资源费的时机；对超过限额部分已经征收水资源费的地区，应综合考虑当地水资源条件、农业用水价格水平、农业水费收取情况、农民承受能力以及促进农业节约用水需要等因素从低制定征收标准。主要供农村人口生活用水的集中式饮水工程，暂按当地农业生产取水水资源费政策执行。

农业生产用水包括种植业、畜牧业、水产养殖业、林业用水。

六、鼓励水资源回收利用。采矿排水(疏干排水)应当依法征收水资源费。采矿排水(疏干排水)由本企业回收利用的,其水资源费征收标准可从低征收。对取用污水处理回用水免征水资源费。

八、对超计划或者超定额取水制定惩罚性征收标准。除水力发电、城市供水企业取水外,各取水单位或个人超计划或者超定额取水实行累进收取水资源费。由流域管理机构审批取水的中央直属和跨省、自治区、直辖市水利工程超计划或者超定额取水的,超出计划或定额不足20%的水量部分,在原标准基础上加一倍征收;超出计划或定额20%及以上、不足40%的水量部分,在原标准基础上加两倍征收;超出计划或定额40%及以上水量部分,在原标准基础上加三倍征收。其他超计划或者超定额取水的,具体比例和加收标准由各省、自治区、直辖市物价、财政、水利部门制定。由政府制定商品或服务价格的,经营者超计划或者超定额取水缴纳的水资源费不计入商品或服务定价成本。

各地要认真落实超计划或者超定额取水累进收取水资源费制度,尽快制定累进收取水资源费具体办法。

重庆市人民政府关于印发全民所有自然资源资产有偿使用制度改革实施方案的通知

（渝府发〔2017〕46号）

（二）完善水资源有偿使用制度

1. 加强水资源保护与监控。……加强水资源监控，取水者应按规定安装经检验合格的取水计量设施，并及时将计量结果传输到全市水资源信息管理平台。

2. 健全水资源费征收制度。……加大水资源费征收力度，严格按照规定的征收范围、对象、标准、取水量和程序征收水资源费，确保应收尽收，不得擅自减免、缓征或停止征收。